Quand je serai grand...

Champion en herbe

ou la passion du foot

Texte :
Dan Mitrecey

Illustrations :
Gilles Bonotaux

Cerf-volant

TABLE DES MATIÈRES

Premier match 5
Rencontre aux vestiaires 13
Souvenirs paternels 21
Au stade avec Julien 29
Un match d'entraînement 37
Première licence 45
De nouveaux coéquipiers 53
Manoel 61
Douche écossaise 69
Débuts officiels 77
Une défaite sans jouer 85
Une rentrée opportune 93
Bonne nouvelle et
mauvaise rencontre 101
Il suffit de s'entendre 109
La Coupe d'Europe 117

Pour en savoir plus

*À la fin du livre, tu trouveras
un lexique des mots techniques utilisés.*

1
PREMIER MATCH

En quittant la petite ville d'Arcarès, sur l'autoroute qui mène jusqu'à Bordeaux, Frédéric Bardoin jette un coup d'œil radieux vers son père, qui conduit la voiture. Fred est très heureux, car, ce soir, il reçoit son cadeau d'anniversaire pour ses dix ans. Avec son père, il va assister à un match de football en « vrai ». Pas un de ces « petits » matchs auxquels il est habitué dans son bourg d'Arcarès, où il vit avec sa famille, mais un match joué par les pros, la grande équipe de la région, les

Girondins de Bordeaux. Fred adore le foot et ne vit que pour lui. Cela l'a amené à connaître quelques problèmes à l'école et l'a obligé à faire des devoirs pendant les vacances pour rattraper le temps perdu sur les terrains de l'impasse voisine, à jouer pendant des heures avec ses copains. Se prenant pour Zidane ou Dugarry selon les jours, il menait jusqu'à la tombée de la nuit d'interminables parties, avec pour seuls buts deux cartables dressés, et il n'était pas rare que son père ou sa mère vienne lui rappeler l'heure du dîner. La nuit venue, il s'endormait en rêvant de matchs de Coupe d'Europe dans lesquels il serait le buteur de la dernière minute, qualifiant son équipe pour la finale.
À son arrivée au parc Lescure, le stade de Bordeaux, Fred est impressionné par la foule qui se presse aux guichets et il prend prudemment la main de son père. Il perçoit les clameurs des supporters déjà installés dans les tribunes, les chants,

la musique et, tout en gravissant les marches menant à la place qui est attribuée aux joueurs, il sent le frisson du bonheur le parcourir.

— Dis, papa... Merci... murmure-t-il, les larmes aux yeux, en découvrant l'arène verte entourée de tribunes bondées. Sur la pelouse, les deux équipes s'échauffent, les Bordelais affrontant ce soir la redoutable équipe de la capitale, le PSG, avec ses joueurs brésiliens. Même de si haut, Fred identifie immédiatement les joueurs des deux équipes, qu'il connaît sur le bout des doigts. Il repère tout de suite son joueur favori, Gérard Servin, avant-centre titulaire de l'équipe de France et buteur habituel de l'équipe bordelaise. Il connaît sa carrière par cœur, depuis ses débuts au Racing de Strasbourg jusqu'à son aventure de deux années dans l'un des plus grands clubs du monde, la Juventus de Turin, en Italie. Depuis l'année dernière, Servin a signé aux Girondins et marque beaucoup de buts

pour son club, à la plus grande joie de Fred. Assis devant lui, un groupe de supporters bruyants agitent leur écharpe en chantant des encouragements à leurs favoris, qui entrent dans les vestiaires pour y ôter leur survêtement. Le match va commencer dans quelques secondes, et Fred sent son cœur battre plus fort. Est-ce que les Girondins vont réussir à gagner ?... L'équipe parisienne est très forte, car elle est en tête du Championnat et possède un très grand nombre d'inter-

nationaux français ou étrangers.
Une immense clameur envahit le stade quand les deux équipes sortent du tunnel et viennent saluer les spectateurs avant de se mettre en place. L'arbitre, tout en noir, comme ses deux assistants de la ligne de touche, siffle le coup d'envoi. Tout de suite, les joueurs bordelais lancent une magnifique attaque qui échoue dans les bras du gardien parisien. Les supporters grondent de plaisir et Fred trépigne.
— T'as vu, p'pa ?... On a failli marquer !...
Monsieur Bardoin, bien que passionné de foot lui aussi, reste plus calme que la majorité des gens placés autour d'eux. Il sourit à Fred sans répondre. Une rapide contre-attaque des Parisiens fait passer un murmure d'inquiétude dans les travées bordelaises. Puis, sur un ballon tapé loin en avant, l'ailier gauche brésilien du PSG s'échappe et marque un but splendide dans un silence consterné. Tandis que les joueurs parisiens se congratulent,

monsieur Bardoin applaudit sportivement le but, ce qui lui vaut quelques regards glacés de la part de ses voisins de tribune.

— Zut et zut !... trépigne Fred, déçu. Il aurait pu l'arrêter, le gardien...

— Y avait hors-jeu !... braille derrière Fred un supporter visiblement de mauvaise foi. Mais l'arbitre a bel et bien accordé le but et voilà les Girondins obligés de revenir au score contre le champion en titre. Sous les encouragements redoublés de Fred et des supporters, l'équipe bordelaise se rue à l'attaque et presse les défenseurs parisiens contre leur but. Leur gardien fait des prodiges et, plusieurs fois, parvient à repousser le ballon qui entrait dans son but. Fred s'agite et trépigne, donnant chaque fois des bourrades de dépit dans le bras de son père, qui reste souriant devant l'enthousiasme de son fils.

— Corner !... s'écrie Fred à la suite d'un nouveau débordement de l'ailier droit bordelais.

Le ballon est frappé haut et retombe devant le but, où Servin s'élève plus haut que toute la défense parisienne. D'un magistral coup de tête, il envoie le ballon au fond des filets. Les spectateurs se dressent et hurlent leur joie en agitant leur écharpe ou leurs drapeaux. Fred s'est levé lui aussi et se jette dans les bras de son père avant d'applaudir à tout rompre le génial avant-centre qui vient de réussir à égaliser. L'arbitre siffle la mi-temps et les joueurs rentrent au vestiaire sous les applaudissements.

— Quel but il a encore mis !... s'exclame Fred, admiratif. Quelle détente extraordinaire !... Et quel coup de tête !...

En hochant la tête avec un sourire heureux, monsieur Bardoin déplie tranquillement les sandwichs préparés par sa femme à leur intention et qui vont les faire patienter pendant le quart d'heure de repos des joueurs.

Le repas improvisé vite englouti par Fred, on voit les joueurs revenir et le jeu reprend. À nouveau, l'équipe bordelaise recommence l'assaut du but parisien et, à quelques minutes de la fin du match, Aubier, le milieu bordelais, s'enfonce dans la défense adverse. Un arrière parisien se précipite et le bouscule.

— Penalty ! hurle Fred avant même que l'arbitre n'ait eu le temps de donner son coup de sifflet.

Le public s'est levé, retenant son souffle, tandis que Servin pose tranquillement son ballon sur le point blanc.

2

RENCONTRE AUX VESTIAIRES

Dans un silence presque parfait, l'avant-centre international s'élance doucement et, d'une pichenette, envoie le ballon dans le coin opposé à celui choisi par le gardien adverse. Dans les tribunes, les supporters, fous de joie, hurlent leur bonheur à celui qui vient de marquer et qui les salue de grands gestes de la main. Fred a la chair de poule et savoure son plaisir de voir sous ses yeux son joueur favori recevoir les félicitations chaleureuses de ses coéquipiers. Mais les joueurs parisiens ont réengagé et se lancent de toutes leurs forces vers les buts bordelais. Pendant les dernières minutes, ils se ruent à l'attaque pour égaliser, et Fred tremble avec son équipe, ressentant à chaque attaque dangereuse une angoisse terrible qui le prend à la gorge. Mais les arrières girondins, aidés de tout le reste de l'équipe, tiennent bon jusqu'à ce que l'arbitre délivre finalement tout le monde en sifflant la fin du match. Les supporters acclament leurs favoris, qui les saluent par des remerciements. Debout, les mains rouges à force d'applaudir, Fred, les larmes aux yeux et la gorge nouée, les regarde disparaître un à un dans le tunnel qui mène aux vestiaires.

— Bon, alors, Fred, tu viens ?...

La voix de son père le tire de son état de grâce. Heureux, Fred jette un dernier coup d'œil à la pelouse désertée et rejoint son père qui redescend l'escalier.

— Je ne te demande pas si ça t'a plu ? lance monsieur Bardoin d'un ton iro-

nique, tandis qu'ils rejoignent la foule qui se presse pour sortir.
— Oh, p'pa !... C'était génial... Ils ont gagné, et en plus, grâce à deux buts de Servin...
— Dis donc, il y a beaucoup de monde ici... poursuit le père de Fred avec un air mystérieux. Si on attendait un peu ?... J'ai justement un copain à voir...
Sans attendre la réponse de son fils, monsieur Bardoin l'entraîne vers une porte située sous les tribunes principales. Là, un homme de la sécurité leur barre l'entrée.
— Je voudrais voir monsieur Vignol, s'il vous plaît... dit-il aimablement à l'homme. C'est de la part de Georges Bardoin.
L'homme hoche la tête et disparaît tandis que le père et le fils attendent patiemment. Après quelques secondes, un autre homme, d'une quarantaine d'années, apparaît et sourit à monsieur Bardoin.
— Ah !... Georges... Je t'attendais...
Les deux adultes se serrent la main en se

tapant dans le dos, évidemment heureux de se retrouver.
— Voilà mon dernier fils, Fred... Fred, je te présente mon vieil ami Alain Vignol, avec qui j'ai joué pendant si longtemps...
— Bonjour, monsieur... Papa m'a souvent parlé de vous.
— Ah, tu sais, mon garçon, ton père, c'était un sacré joueur !... Il en a gagné des matchs, à lui tout seul !
— Ah bon, c'est vrai ?... demande Fred, étonné et admiratif. Et pourquoi ne m'en

as-tu jamais parlé, papa ? C'est super !
— Bof... Il exagère toujours... répond modestement monsieur Bardoin. Je n'étais qu'un petit joueur de club... Mais on a quand même passé de sacrés bons moments, hein ?...
Les deux hommes rient de bon cœur et monsieur Vignol passe une main affectueuse sur la joue de Fred.
— Alors, mon petit gars, il paraît que tu viens d'avoir dix ans ?...
— Oui, monsieur...
— Et... Ça te plairait de venir faire un tour dans le vestiaire pour voir les joueurs ?
— Comment ?! Vous croyez que...
Monsieur Vignol lance un clin d'œil complice à son père avant de répondre :
— Allez... Suivez-moi.
Il les entraîne sous la tribune, dans des couloirs encombrés de dirigeants, de journalistes, d'amis des joueurs, tous venus féliciter les gagnants du jour. Devant une grande porte ouverte d'où s'échappe un brouhaha de cris de joie et

de conversations animées, Fred s'arrête soudain, pétrifié. Devant lui, torse nu et en chaussettes, un homme répond en souriant aux micros des journalistes qui sont tendus vers lui : Gérard Servin.
— Papa... murmure-t-il, bouche bée, c'est lui, là...
Monsieur Vignol attend patiemment que le joueur ait satisfait à ses obligations professionnelles et, lorsque les journalistes le laissent enfin tranquille, il apostrophe Servin :
— Bravo, Gérard ! Super match...
— Merci, monsieur Vignol... Ça fait plaisir.
— Tiens, ajoute le complice du père de Fred, je te présente un jeune ami qui rêve de te serrer la main. Il s'appelle Frédéric. Il a dix ans aujourd'hui.
— Bon anniversaire, Frédéric ! lance aimablement l'avant-centre au gamin statufié avant de lui donner une tape amicale dans la main.
— Tu joues au foot ? ajoute-t-il.

— Oh, oui, m'sieur !
— Quelle place ?
— Avant-centre... Comme vous, quoi !
— C'est bien, mon gars. Il faut marquer des buts, c'est ce qui est important dans le football...
Fred avale sa salive pour surmonter sa timidité face à celui qu'il rêve d'imiter un jour et poursuit :
— Mon grand frère, il joue libero, lui... Il est très fort...
— Ah, ah, ah ! s'exclame Servin, il en faut aussi, des arrières, sinon... Bon, je dois aller prendre ma douche... À bientôt, bonhomme !
Après une tape affectueuse sur la tête de Fred et un salut amical à son père, Servin retourne dans le vestiaire surpeuplé et bruyant, où une clameur l'accueille. Fred le regarde disparaître, encore sous le choc de sa rencontre, puis se détourne pour observer de sa position privilégiée les quelques autres têtes connues qu'il aperçoit : d'autres joueurs bordelais, le sourire

aux lèvres, et aussi quelques internationaux parisiens, la mine fermée et le front bas, qui s'enferment dans leur vestiaire, silencieux. Son père le tire de son rêve.

— Bon, Fred, on va rentrer maintenant...

Il se tourne vers son ami Vignol.

— Merci d'avoir fait tout ça pour le petit, Alain...

— Tu plaisantes... Ça t'a fait plaisir de venir ici, Fred ?...

— Oh, vous ne pouvez pas savoir, monsieur ! Merci beaucoup, vraiment...

3

SOUVENIRS PATERNELS

En quittant le stade déserté pour rejoindre leur voiture, Fred et son père marchent main dans la main.

— Julien ne va jamais me croire... murmure Fred en hochant la tête. Et les copains non plus...

— Ton frère savait que mon ami Vignol, qui est dirigeant aux Girondins, te préparait ce petit cadeau d'anniversaire, répond monsieur Bardoin.

— Dis, p'pa, ton ami a dit que tu étais très bon quand tu jouais. C'est vrai ?

— Non, mon garçon. Pas assez, en tout cas, pour en faire une profession. À mon époque, footballeur, ça n'était pas un métier. Il était difficile de beaucoup jouer tout en faisant des études. J'ai préféré apprendre un métier sûr tout en m'amusant le dimanche avec mes copains.

Dans la voiture qui roule sur le chemin du retour, Fred continue de poser des questions à son père.

— Mais, quand même, monsieur Vignol a dit que tu gagnais des matchs à toi tout seul. Tu devais être fort...

— On ne gagne jamais tout seul, Frédéric. On a toujours besoin des autres dans une équipe, même si on est celui qui marque les buts.

— Et tu en as marqué beaucoup, toi ?...

— Quelques-uns... répond monsieur Bardoin avec un petit sourire nostalgique.

— Raconte-moi, papa... Une fois où tu as marqué un but extraordinaire...

Son père lâche un petit rire modeste et s'exécute.

— Ben... Une fois, on jouait en Coupe de France avec Arcarès... C'était contre une grande équipe, les pros de Toulouse... Tout le monde disait que l'on allait prendre une raclée, car ils jouaient en première division et nous quatre divisions en dessous. Il y avait du monde au stade, beaucoup de monde... Dès le début du match, les Toulousains se sont mis à faire tourner le ballon... On n'arrivait pas à le toucher. Et quand ils le perdaient, on n'arrivait jamais à le garder plus de quelques secondes... Ils nous ont dominés, dominés... Mais toute l'équipe s'est accrochée, notre gardien a fait un match extraordinaire, et nous avons réussi à passer trois fois la ligne du milieu. La première fois, c'était sur un long dégagement d'un arrière... Il y avait du vent, et je me suis précipité... Je suis arrivé avant le gardien et j'ai marqué...

— Wouah ! Super ! Et vous avez gagné un à zéro ?

— Pas du tout... Il y a eu deux autres fois.

La deuxième fois, c'est Vignol, justement... Il m'a lancé un bon ballon dans le dos de la défense de Toulouse... J'ai pris les arrières de vitesse... J'allais vite à cette époque... Et j'ai marqué. Les gens n'en revenaient pas, et les pros non plus, d'ailleurs... Ils ont commencé à s'enguirlander entre eux, et on en a profité... On a eu un coup franc pour nous et je l'ai tapé de toutes mes forces... Le ballon est allé droit dans le but... Un vrai coup de chance...

— Vous avez gagné trois à zéro ?

— Ben oui... Contre la grande équipe de Toulouse. Ce qui est étonnant, c'est que nous sommes allés trois fois dans leur camp et qu'on a marqué trois fois...
— Et c'est toi qui as marqué les trois buts ! lance Fred avec admiration. C'est un exploit extraordinaire, papa...
— Bof... C'est vrai que les journaux en ont parlé. Dans « Sud-Ouest », ils avaient écrit en titre : « Bardoin élimine Toulouse. »
— Ils ont parlé de toi dans le journal ?... demande Fred, étonné.
— Un peu, mais ils ont plus parlé de l'élimination des pros que de la victoire de notre équipe. Julien, qui était petit à cette époque, a dû garder les coupures. Il te les montrera, un jour...
— On a dû parler de toi à Arcarès...
— Hum, oui, un peu... Quelques jours après, des dirigeants de Toulouse m'ont appelé. Ils voulaient que je vienne signer un contrat professionnel chez eux...
— Et alors... Pourquoi n'as-tu pas voulu ?
— J'en ai parlé longuement avec maman...

Nous étions bien à Arcarès, et puis il aurait fallu que j'arrête mon métier pour devenir professionnel de foot... C'était un peu lâcher la proie pour l'ombre. Je suis resté.
— C'est dommage... fait tristement Fred. J'aurais eu un papa pro...
— Tu penses vraiment que ça aurait fait de moi un meilleur père ?...
— Mais non, p'pa !... répond en riant Fred avant de revenir sur le sujet qui lui tient à cœur : et, après ça, vous êtes tombés sur qui au tour suivant ?... Une autre équipe de pros ?...
— Nous avons été battus par une équipe amateurs de notre propre championnat... Tu vois que c'était un coup de chance...
— Quand même... Trois buts... fait Fred, songeur. Je suis vraiment fier que tu sois mon papa, tu sais...
— Oh, mais ça n'est pas mon record ! lâche monsieur Bardoin d'un ton faussement crâneur.
— Quoi ?...

— Une fois, j'ai marqué cinq buts dans le même match...
— C'est pas vrai !... s'écrie Fred, au comble de l'admiration.
— Si. En championnat de ligue, quand j'étais junior... On a gagné six à un contre Juvignac... J'en ai mis cinq à la suite... C'est mon meilleur souvenir de joueur. Tout rentrait, ce jour-là... Tout ce que je tentais... Des reprises de volée... Des coups de tête... Toute ma vie, j'ai cherché à retrouver un moment comme celui-là...
— Comment cela ?...
— Tu comprends, quand tu sens que tu es irrésistible... Que, quoi que tu fasses, tu réussiras... Cela ne m'est arrivé qu'une fois dans ma vie, hélas !...
— Moi, j'espère que je pourrai un jour faire comme toi... lance Fred avec un air songeur. Sauf que, si on me propose de signer un contrat de joueur dans une équipe professionnelle, eh bien, je dirai que je suis d'accord !
— Il n'empêche que moi, ton père, je pré-

férerais que tu apprennes un bon métier d'abord... Ensuite, tu feras ce que tu voudras quand tu auras l'âge... Et puis, tu sais, Fred, des garçons comme toi, qui rêvent de devenir footballeurs, il y en a des milliers... Alors...

— Oui, mais moi, je suis sûr que je vais y arriver, répond Fred d'un ton convaincu.

4
AU STADE AVEC JULIEN

— Alors, tu lui as serré la main, à ton Servin ?... demande Julien, un grand garçon de dix-huit ans à la carrure impressionnante, en souriant gentiment à son frère cadet.

— Oh oui !... répond Fred. C'était super ! Il a été très sympa... Et puis je lui ai dit que j'avais mon frère qui jouait libero, et alors il a rigolé...

— C'est gentil, petit frère, de lui avoir parlé de moi... lâche l'aîné en donnant à Fred une tape amicale. Bon, il faut que je

fasse mon sac rapidement maintenant.
— Tu vas à l'entraînement ?... demande Fred, soudain intéressé.
— Bien sûr, mon gars... La saison recommence dimanche, il faut que je sois en forme.
Tandis que Julien prépare son sac en y entassant short, chaussettes, serviette de bain, Fred contemple les chaussures à crampons flambant neuves de son frère.
— Dis donc, elles sont belles, hein ! dit-il en caressant avec envie le cuir tout neuf.
— C'est le dernier modèle, répond Julien en lui prenant les chaussures des mains pour les poser soigneusement dans le fond de son sac.
— Avec les crampons moulés injectés... Des chaussures de champion... ajoute-t-il en riant de la moue d'envie de son petit frère.
— Les miennes, elles commencent à être trop petites... murmure Fred.
— Ah, ah, je te vois venir ! s'exclame Julien en refermant son sac. Eh, si tu veux,

tu peux m'accompagner à l'entraînement !
D'un bond, Fred saute sur ses pieds.
— Je pourrai taper quelques ballons ?...
— On verra, on verra... Allez, préviens maman, et amène-toi !
Après avoir entassé à la hâte l'essentiel de ses vêtements de foot dans un sac en plastique et averti sa mère de son départ, Fred est venu rejoindre son frère, qui l'attend dehors en faisant rugir son scooter. D'un bond en selle, et les voilà partis pour le stade tout proche.
Dans le vestiaire, ils retrouvent quelques coéquipiers de Julien, déjà en tenue, qui partent vers le terrain gazonné. Les crampons claquent sur le carrelage. Tandis que Julien se prépare posément en plaisantant avec ses copains de l'équipe première junior d'Arcarès, Fred s'habille à toute vitesse et se rue vers le terrain, où une dizaine de jeunes gens de l'âge de son frère se font des passes pour s'échauffer. L'entraîneur, monsieur Paul, comme on l'appelle respectueusement, salue Fred.

— Salut, mon gamin... Alors, on vient un peu taper dans le ballon avec les grands ?
— Oh oui, m'sieur... Si vous voulez bien...
— Mais bien sûr... Tiens, va donc échauffer notre gardien de but, là-bas, répond l'entraîneur en désignant un garçon qui fait des mouvements d'assouplissement dans les buts.
Sans se faire prier, Fred attrape un ballon et, tout en le maniant avec le pied droit puis le pied gauche, il s'approche du goal.
— Salut, petit... dit le gardien de but.

Allez... Vas-y... Envoie-moi quelques shoots...
Fred se recule, à la limite de la ligne des seize mètres, s'élance et frappe du pied droit de toutes ses forces dans le ballon, qui s'élève à mi-hauteur et entre dans les filets. Surpris, le goal rit et renvoie le ballon à Fred.
— Dis donc, t'as une drôle de frappe de balle, toi, pour un môme... T'es le frère de Julien, c'est ça, hein ?...
— Oui, oui...
Fred, sans rien ajouter, s'avance et décoche une frappe du pied gauche que le gardien bloque avec difficulté avant de renvoyer encore le ballon.
— Et tu tires des deux pieds, en plus... s'écrie-t-il avec une certaine admiration qui emplit Fred de fierté. Comme ton père...
Fred arrête le ballon d'un superbe amorti et regarde le goal.
— Tu connais mon père ?...
— Bardoin ?... Bien sûr, petit... C'était le

meilleur ici... Il aurait dû être pro...
Tandis que Fred se rengorge de fierté, un coup de sifflet strident met fin à leur conversation à distance. Monsieur Paul, l'entraîneur, rappelle tout son monde auprès de lui pour donner ses consignes de travail. Avant de jouer, les joueurs doivent s'échauffer et faire de la course à pied. Plusieurs kilomètres à allure réduite entrecoupés d'arrêts pour souffler et étirer les muscles. Toute l'équipe, une bonne vingtaine de jeunes gens d'environ dix-huit ans, se met à trottiner autour du terrain, tandis que monsieur Paul prépare le terrain d'entraînement en disposant des cônes de plastique. De temps à autre, il lève les yeux vers sa troupe et prodigue quelques encouragements.
— Allez, les gars... On court, on court... Eh ! toi, Gilbert, lance-t-il à un grand garçon blond qui musarde en queue de peloton, si tu continues à tirer au flanc, tu vas me faire deux tours de plus...
L'échauffement terminé, les joueurs se

rassemblent et prennent chacun un ballon pour réaliser l'exercice expliqué par monsieur Paul : slalomer entre les cônes de plastique en poussant le ballon alternativement d'un pied à l'autre. Il s'agit d'aller le plus vite possible sans perdre le contrôle du ballon. Fred observe l'exercice en se disant intérieurement qu'il est facile, et pourtant certains joueurs trouvent le moyen de perdre le ballon en route et s'attirent les railleries de leurs camarades. Julien, comme à son habitude, même s'il n'est pas très rapide, se montre élégant et efficace. Monsieur Paul explique un autre exercice, qui consiste à envoyer une passe de trente mètres dans les pieds d'un joueur en pleine course. Chaque joueur doit adresser la passe, puis, le tour suivant, la recevoir d'un autre. Monsieur Paul, voyant Fred regarder avec envie, lui propose de participer.

— Oh oui, m'sieur, avec plaisir !

— Tu as compris le principe ?

— Bien sûr, m'sieur !

— Alors, tu passes après ton frère...
Sagement, Fred se range derrière Julien et attend son tour. Après avoir vu son aîné adresser une passe presque parfaite, il se place en position. Monsieur Paul lui envoie le ballon et, sans le contrôler, Fred frappe et envoie à trente mètres de là une passe magistrale qui arrache un cri de félicitations à monsieur Paul.
— Bravo, mon gamin !... Ça, c'est du ballon !...

5

UN MATCH D'ENTRAÎNEMENT

Le soir tombe sur le petit stade d'Arcarès, un beau soir d'été, plein de douceur et de couleurs dans le ciel. Sur la pelouse parfaite, de jeunes garçons disputent un match d'entraînement sous les ordres de monsieur Paul, qui fait office d'arbitre. Les maillots bleus d'un côté, les rouges de l'autre. Parmi les rouges, un beaucoup plus jeune, un blondinet aux cheveux courts et à l'allure vive, se démène comme un diablotin parmi les géants. Fred, après avoir participé aux exercices d'entraînement de l'équipe première juniors avec un bonheur total, s'est retiré tout naturellement quand monsieur Paul a formé les deux équipes pour le match du soir. Lorsqu'on s'est aperçu qu'il manquait un joueur pour faire le nombre, on lui a évidemment proposé de se joindre au groupe.

— Quelle place veux-tu jouer, gamin ? demande monsieur Paul.

— Ben... Je joue avant-centre à l'école...

— D'accord. Tu vas jouer au centre, alors... Dans l'équipe de ton frère... Les gars, allez-y doucement avec le gamin, il est petit, hein... prévient monsieur Paul en donnant le coup d'envoi.

Pendant un long moment, Fred ne parvient pas à toucher le ballon. Les grands autour de lui, s'ils restent corrects, ne lui font aucun cadeau, et sa petite taille s'avère un handicap sérieux. Plusieurs fois, Julien, depuis son poste d'arrière central, appelé « libero » parce qu'il peut bouger où bon lui semble, tente de lui

adresser de bons ballons pour qu'il puisse frapper au but adverse. Mais, chaque fois, les défenseurs bleus interviennent avant lui et lui prennent le ballon. Mais Fred ne se décourage pas, trop heureux de participer à un match avec les grands.
À un moment, un « milieu de terrain » des rouges avance en poussant le ballon. Fred, dos au but, se démarque, lui adresse une passe. Le garçon continue à courir avec une grande habileté, Fred lui redonne aussitôt le ballon dans sa course et dans le dos du défenseur, surpris.
Son équipier déborde la défense et marque.
— Bien joué, bonhomme... lâche le garçon en revenant à sa hauteur et en lui tapant dans la main.
— Super, Frédo ! crie Julien de loin en levant le pouce.
Tout heureux, Fred marmonne une réponse d'un ton modeste et vient se replacer à la pointe de l'attaque, attendant une nouvelle occasion de se mettre

en évidence. Après quelques ballons touchés par Fred et redonnés sans conséquence particulière, une nouvelle attaque des rouges se développe sur le côté gauche. L'ailier parvient à déborder et adresse un long centre qui dépasse un peu les buts des bleus. La défense croit le ballon perdu, mais Fred, qui a flairé le bon coup, se précipite et reprend de volée le ballon avant qu'il ne touche le sol. La boule de cuir frappée de plein fouet repart à contresens avec une force étonnante et vient frotter le fond des filets sans que le gardien, surpris, ait pu faire le moindre geste. Dans un réflexe de joie augmentée par sa propre surprise d'avoir réussi un geste technique aussi parfait, Fred lève le bras au ciel en sautant, ainsi que Servin le fait chaque fois qu'il marque en équipe de France. Aussi sidérés que lui, ses partenaires viennent lui faire la fête et le féliciter en riant et en se moquant un peu de leurs adversaires, victimes de ce petit gars si adroit. Même Julien s'est déplacé pour le congratuler. Mais monsieur Paul calme les ardeurs et rappelle son groupe à l'ordre.

— Bon, bon, les gars... En place, on n'a pas fini ! Je vous préviens que, dimanche, le gamin ne jouera pas et qu'il va falloir que ce soit vous qui les marquiez, les buts... Allez, hop !... Au boulot ! Il reste cinq minutes. Tâchez de vous remuer un peu...

Le jeu reprend sans que Fred brille particulièrement, quand un de ses partenaires,

s'enfonçant dans les seize mètres, se fait faucher par un défenseur. Monsieur Paul, sans hésiter, siffle le penalty.
— Laisse-le tirer à Fred ! suggère le joueur du milieu, qui a marqué son but.
— Eh, on est à un partout ! proteste un autre.
— Bof !... C'est pas la Coupe du monde... On peut bien lui faire plaisir, au petit...
— T'es d'accord, Fred ?...
— Oui, oui... murmure Fred, soudain intimidé.
Des penalties, il en a tiré des tas... Dans la cour de l'école, avec les copains de son âge, il n'en a jamais raté... Une fois c'était Zidane qui marquait par ses pieds, une autre fois Djorkaeff ou Servin... Mais là c'est une autre affaire. C'est un vrai match, avec des grands. Julien vient près de lui pour l'encourager.
— Allez, p'tit frère... Tu le mets et on a gagné...
Fred respire un bon coup et prend le ballon pour le poser sur le cercle blanc,

devant le but dans lequel le gardien bleu se concentre. Fred regarde les buts, si grands, si larges, mais il voit aussi le goal, si grand lui aussi, bien campé sur ses jambes, en toute confiance, celui-là même qu'il a échauffé tout à l'heure et à qui il a marqué plusieurs buts. Il décide, comme il sait qu'il faut faire, de le tirer sur sa droite. Après un dernier souffle, il s'élance, frappe bien son ballon, fort, à mi-hauteur, mais le gardien plonge et... bloque le ballon. Là-dessus, monsieur Paul siffle la fin du match et tous les joueurs de l'équipe bleue viennent entourer Fred, Julien en tête.

— C'est pas grave, p'tit frère... Tu avais bien tiré, mais il est bon, le goal, tu sais...

— Ça arrive, bonhomme, t'inquiète pas... dit un autre pour le consoler.

Alors qu'il retourne vers le vestiaire avec les autres, la succession de joueurs venant le réconforter ajoute au désarroi de Fred, qui, soudain, sent les larmes lui monter aux yeux. Julien, en souriant, vient cou-

vrir ses épaules de son bras, et Fred, n y tenant plus, laisse éclater sa peine.
Assis sur le banc du vestiaire, il pleure de toutes ses forces dans les bras de son frère aîné. Il a raté le premier penalty important de sa carrière et reste inconsolable malgré les tapes amicales de ses coéquipiers d'un soir. Il se dit qu'il n'a pas été à la hauteur, qu'il aurait dû tirer à gauche. et même le souvenir de son but extraordinaire marqué avant ne parvient pas à calmer ses sanglots.
— Dis donc, mon gamin... fait monsieur Paul, debout devant lui, tu vas dire à ton père qu'il vienne me voir... Il faut que je lui parle...

6
PREMIÈRE LICENCE

Le lendemain soir, après l'école, Fred, comme tous les jours de classe, retrouve ses habituels copains de foot : Éric, Renaud et Manoel. Ce dernier, d'origine portugaise, est l'habituel propriétaire du ballon avec lequel ils jouent, merveille de cuir dernier cri, cadeau d'un cousin du pays. Aussi passionné de foot que Fred, Manoel adore jouer avec lui contre les deux autres, car ils sont plus forts qu'eux, et ils se régalent de les voir suer et transpirer à essayer de leur prendre le ballon.

Grand dribbleur, adorant les gestes spectaculaires du type « râteaux », « petits ponts », « sombreros », « foulards », Manoel voue un amour sans partage à l'équipe nationale brésilienne et à ses artistes footballeurs à la technique exceptionnelle.
— Dépêchez-vous, dit Manoel en faisant rebondir son ballon avec impatience, ce soir, on a rendez-vous avec les gars de la classe B ! J'ai arrangé un match...
— Super ! s'exclame Éric. Et où joue-t-on ?
— Suivez-moi... On va au stade.
Le rendez-vous a lieu au stade municipal, où Fred a joué la veille avec son frère et qui est le stade du club de football d'Arcarès. Mais les jeunes comme eux n'ont pas le droit d'aller sur les terrains gazonnés et ils se retrouvent sur un petit terrain annexe en terre battue. Lorsqu'ils arrivent, quatre garçons de leur âge les attendent déjà, en train de taper dans un ballon sur un petit but de handball. Après les saluts sportifs et amicaux, le match se

déroule, quatre contre quatre. Manoel joue au milieu, Fred à l'avant, et les deux autres ont été nommés arrières.

— Débrouillez-vous pour que rien ne passe... conseille Manoel avant le coup d'envoi. Fred et moi, on va leur en mettre une caisse...

Bien sûr, le match se déroule sans arbitre officiel, laissant à la bonne foi des joueurs les décisions à prendre, ce qui ne va pas sans poser quelques problèmes.

— Y a faute, là !... s'écrie un joueur de la classe B à terre après avoir perdu un ballon facile chipé par Fred.

— Non mais, tu rigoles pas un peu, toi ?... proteste Manoel. Y a rien du tout. T'es tombé tout seul, mon gars...

— Moi, je te dis qu'il y a coup franc... assure un autre de ses partenaires. Allez, envoie le ballon...

— Oh, bon... D'accord... lâche Manoel, grand seigneur, en rendant le ballon à ses adversaires. Vas-y, tire-le, ton coup franc !

Plusieurs chamailleries plus tard, l'équipe

de Fred mène par six à deux quand une voix l'appelle du bord du terrain.

— Frédéric ?... Viens...

Fred tourne la tête et aperçoit son père, qui lui fait signe de venir le rejoindre.

— Euh... Bon, les copains, je dois arrêter là...

— Mais on n'a pas fini ! proteste Manoel.

— Je sais, mais j'ai un rendez-vous important... répond Fred en quittant la partie, plantant là ses copains déçus. À demain !

En courant, il vient rejoindre son père.

— Fred, comme tu me l'as demandé, je

viens de voir Paul, enfin... monsieur Paul... Je voudrais que tu viennes avec moi. Maintenant, c'est à toi qu'il veut parler...

Ils longent ensemble le petit terrain pour aller de l'autre côté du stade, au bord du grand terrain gazonné où, ce soir, s'entraînent des adultes : l'équipe seniors d'Arcarès. Monsieur Paul est là, qui supervise l'échauffement des joueurs. À leur arrivée, il se tourne vers eux et salue Fred.

— Bonjour, mon gamin... Je viens de parler avec ton père, avec qui j'ai joué pendant assez longtemps pour ne pas lui raconter d'histoires... Voilà... Je t'ai vu jouer hier soir... Avec les juniors... Et, euh... Enfin, t'es vraiment très doué, comme gamin. Je ne veux pas le dire trop fort pour que ça ne te monte pas à la tête, mais tu es doué, c'est sûr... Alors, voilà... Est-ce que tu voudrais signer une licence dans notre club ?... On n'a pas d'équipe de ton âge, pupilles, benjamins, et tout

ça... Mais on te ferait jouer en minime surclassé... Ça te ferait plaisir ?...
Bouche bée, Fred regarde d'abord son père, qui ne manifeste aucune émotion apparente, intéressé soudain par le bout de ses chaussures, puis revient sur monsieur Paul.
— Ben... Evidemment, m'sieur... répond Fred en prenant garde de ne pas sauter de joie.
— Attention ! intervient cette fois monsieur Bardoin en levant un doigt sévère. Nous sommes bien d'accord, Fred... Si tu ne marches pas à l'école, hop ! Plus de licence, et plus de matchs... Tu as bien compris ?...
— Oui, oui, p'pa... C'est génial !... répond Fred étourdiment.
— Bon... ajoute monsieur Paul, mais ne crois pas que ça va être facile et que tu vas te balader, mon gamin... Tu es grand et costaud pour ton âge, d'accord, mais tes équipiers auront deux ou trois ans de plus que toi... Ce sera dur...

— Oui, oui, m'sieur Paul... Ne vous inquiétez pas. L'entraînement commence quand ?...

— Demain mercredi... Trois heures de l'après-midi... Ton père t'expliquera comment signer ta licence. Et si tu es retenu, premier match dimanche... Salut, Georges, ajoute-t-il à l'adresse de monsieur Bardoin pour clore l'entretien, avant de se retourner vers le terrain où ses joueurs poursuivent leurs exercices. Monsieur Bardoin entraîne son fils vers le parking où est garée sa voiture.

— Tu sais, Fred, Julien n'a signé sa première licence qu'à quinze ans, et pourtant il était doué, lui aussi... Peut-être plus que toi... Et il aimait le foot autant que toi... Je ne sais d'ailleurs pas pourquoi, parce que j'ai toujours évité de vous parler de l'époque où je jouais, pour ne pas vous donner le virus... Mais ton frère travaillait bien à l'école, lui... Il était sérieux... Je ne voulais pas que tu commences si tôt, mais monsieur Paul m'a convaincu... Il m'a dit que tu étais assez solide pour supporter des entraînements avec de plus âgés que toi... Alors, j'ai dit oui... Mais je te le répète pour la dernière fois, si tu ne travailles pas bien, tu ne joueras pas le dimanche... Tu m'as bien compris, Fred ?...

— Oui, oui, papa... Je te promets que je vais faire de mon mieux... Je suis tellement content, tu sais...

Et Fred saute au cou de son père pour le remercier, sans apercevoir la petite lueur d'émotion dans le fond de son œil.

7

DE NOUVEAUX COÉQUIPIERS

Le lendemain, Fred croit devenir fou d'impatience en attendant trois heures. C'est à peine s'il touche à l'énorme plat de spaghettis à la crème préparé par sa mère, tout occupé qu'il est à regarder les aiguilles de sa montre se rapprocher de l'heure H : son premier entraînement de joueur de club. Gentiment, Julien le taquine sur son penalty raté de l'avant-veille pour essayer de le piquer au vif, mais Fred ne bronche pas. Il se sent comme dans du coton. Un article lu dans un journal spécialisé consacré à Gérard Servin lui revient en mémoire... L'avant-centre international y disait que, pour lui, l'entraînement était le moment le plus important, celui pendant lequel il façonnait les buts extraordinaires qu'il marquait ensuite en match. « Le travail, disait-il, rien que le travail, m'a permis de devenir ce que je suis... » Le travail, se dit Fred... Pour lui, il était impossible que le foot devienne du travail, on s'y amusait trop. Il commençait à comprendre pourtant qu'on pouvait travailler en s'amusant et surtout s'amuser en travaillant...

— Bon, j'y vais, dit Fred après un énième regard à sa montre.

— Tu as le temps, mon chéri... répond sa maman avec un petit sourire discret. Le stade est à deux pas et il n'est que deux heures...

— Je sais, m'man... Mais je... Je ne veux pas être en retard...

— C'est bien... Tu as toutes tes affaires ?... demande madame Bardoin, en sachant très bien qu'il a fait et refait son sac une bonne dizaine de fois, pour vérifier que rien ne manquait.

— Oui, oui... répond Fred d'un ton détaché. C'est juste que mes crampons sont un peu usés...

— Dans ce cas, il t'en faudrait des neufs... murmure sa maman, pas dupe du message envoyé par son fils. Et si tu te débrouillais pour te les payer toi-même ?

— Mais comment ?...

— Débrouille-toi. Un garçon qui joue dans un club doit être en âge de s'acheter ses chaussures lui-même...

— Je vais chercher un moyen, promet Fred en enfilant la bandoulière de son sac. Allez, à ce soir, m'man !...

À son arrivée au stade, Fred franchit fièrement la grille et se dirige vers les vestiaires. Devant la porte, un groupe de plus grands que lui attend, sac sur le dos, en discutant de foot.

— Ton PSG, il s'est fait avoir, mon pote, avec les Girondins !... raille un grand frisé

qui paraît quinze ans tellement il est grand et solide.

— Ouais ?... piaille un autre d'une voix incertaine, en pleine mue. Peut-être, mais ils seront champions quand même... Alors, lâche-moi ! Le PSG, c'est la meilleure équipe d'Europe en ce moment...

Un grand éclat de rire ponctue sa remarque.

— Hein ?... Non, mais t'es vraiment jobard, toi, hein ?... Et la Juve, et le Real, et l'Inter, et Manchester ?...

— Et l'Ajax, et le Bayern ? intervient un autre à l'œil moqueur et au duvet naissant au-dessus de la lèvre supérieure.
Fred enregistre la conversation, mais, intimidé, n'ose y participer malgré une énorme envie d'intervenir. Quoi de mieux, se dit-il, qu'une bonne discussion de foot entre copains ?... Surtout quand on n'est pas d'accord...
Un autre garçon du groupe, un grand Noir filiforme, intervient en s'adressant au fan du PSG :
— Si vous aviez acheté Servin, vous auriez des chances... Avec lui, vous pouvez gagner la Coupe d'Europe... Mais sinon...
Inconsciemment, Fred se sent attiré par le dernier parleur et vient à ses côtés.
— Salut... Je m'appelle Fred. Je dois m'entraîner avec vous...
— Bonjour. Moi, c'est Youssouf, mais on m'appelle Youyou... Tu vas t'entraîner avec nous ?... ajoute-t-il, un peu surpris en contemplant le gabarit de Fred.

— Ah, ah ! ricane Laurent, le grand frisé. S'il joue avec nous, il va nous prendre tous les ballons de la tête...

Un éclat de rire général salue la remarque, et chacun y va de son couplet.

— Si monsieur Paul n'a que des recrues comme lui, on ne risque pas d'avoir une équipe physique...

— À moins qu'il ne soit goal... Avec sa taille...

— Le problème avec les petits, c'est qu'on ne peut pas leur faire de petit pont... Ils ont les fesses trop basses...

Tout le monde, même Youssouf, se met à rire devant Fred, blanc de rage, qui serre les poings pour éviter de répondre. L'arrivée de monsieur Paul met fin aux quolibets. Il ouvre la porte du vestiaire, dans lequel tous s'engouffrent.

— Bonjour, monsieur Paul ! fait en chœur la bande de rieurs.

— Salut, mes gamins ! répond l'entraîneur selon son habitude.

— Dites, monsieur Paul... ose le grand

frisé en désignant Fred, vous nous avez recruté un géant, là ?...
L'entraîneur jette un coup d'œil sur Fred sans manifester d'émotion et répond :
— Les gamins, je vous présente Fred Bardoin, qui vient jouer avec nous. Il n'a que dix ans, et on le surclasse en minime... Il joue avant-centre.
La révélation de monsieur Paul n'efface pas le sourire sur les lèvres de Laurent, qui regarde Fred d'un air narquois.
— Par ailleurs, poursuit monsieur Paul, notre premier match a lieu dimanche et je ne sais pas encore qui je vais faire jouer. Alors, ce soir, je veux vous voir tous, et ensuite je donnerai la composition de l'équipe pour dimanche... Habillez-vous, je vous attends sur le terrain !
Tandis que la vingtaine de minimes enfilent rapidement leurs vêtements et leurs chaussures à crampons, certains se décident à parler à Fred.
— Bardoin, tu t'appelles ?... demande le supporter du PSG de sa voix qui mue.

Moi, c'est Loïc... T'as ton frère qui joue en première juniors, c'est ça, hein ?...
Fred répond de la tête, mais un autre, celui qui possède une moustache naissante, intervient :
— Il est fort, son frangin qui joue libero... Mais le plus fort de tous, c'était leur père... Mon père à moi, il l'a connu quand il jouait encore... C'était un super... On est content de t'avoir avec nous, mon petit... Moi, je m'appelle Renaud, je joue latéral gauche...
— Et moi, je joue avant-centre... crache le dénommé Laurent en se levant pour quitter le vestiaire.

8
MANOEL

Rassemblée devant le but, l'équipe de minimes au grand complet attend que monsieur Paul donne la composition prévue pour le match de dimanche, premier de la saison du championnat minimes de Gironde. Fred, qui a prouvé balle au pied à ceux qui riaient qu'il allait falloir compter avec lui, attend lui aussi, le cœur battant. Monsieur Paul égrène les noms poste par poste :

— Avant-centre, Laurent Despalles... Ailier gauche, Saïd Slimane... Et comme remplaçants, Rollin, Eratéguy, Milteau et Bardoin. Je veux tout le monde en forme dimanche à dix heures du matin.

Fred a de la peine à cacher sa déception : remplaçant. Il a été bon à l'entraînement, mais c'est évidemment autre chose de jouer contre des garçons qui le dépassent d'une bonne tête. Sa vivacité et son adresse naturelles lui ont quand même permis quelques coups d'éclat qui ont attiré des remarques flatteuses de la part de certains équipiers, mais cela n'a pas suffi. Comme avant-centre, monsieur Paul a choisi Laurent, celui qui ricanait.

— Bof ! c'est normal, se dit-il, il est plus grand, plus « bourrin »...

En arrivant au vestiaire où les a précédés monsieur Paul, Fred l'entend discuter avec un de ses adjoints dans un bureau mitoyen.

— Ça m'ennuie, je n'ai pas de meneur de jeu pour mes minimes... Ils sont bons, ces gamins, mais je n'ai pas de distributeur, un gamin capable de dribbler un ou deux adversaires et de donner un bon ballon à Laurent ou à Saïd...

— Et le petit Bardoin ?...

— Il lui manque un an... Il est adroit comme un chat. Il sait où le ballon va venir et comment lui rentrer dedans. Il a tout... Maintenant, il faut qu'il prenne de la taille... Il sera meilleur que Laurent, mais il est plus petit... Et puis, c'est surtout d'un n° 10 que j'ai besoin...

Sans réfléchir, Fred passe la tête par la porte et se mêle de la conversation.

— J'en connais un, m'sieur Paul, de n° 10...

— Tiens, tu écoutes aux portes, Fred ? Ça m'étonne de toi, ça...

— Pardon, m'sieur, mais je n'ai pas voulu... J'ai entendu seulement, et...

— Et tu connais un gars qui pourrait jouer au milieu ?... Quel âge a-t-il ?...

— Dix ans, m'sieur... Mais c'est un super-joueur... On ne lui prend pas le ballon dans les pieds quand on joue avec les gars de l'école... Il est dans ma classe...

— Comment s'appelle-t-il, ton phénomène ?

— Manoel Perreira, m'sieur. J'ai son téléphone si vous voulez...
— Donne toujours... On verra bien.
Rentré chez lui le soir, Fred raconte à Julien et à ses parents son premier entraînement teinté de la déception finale.
— Je ne suis que remplaçant...
— Dis, proteste son frère, tu t'attendais à quoi ?... C'est déjà bien pour ton âge d'être remplaçant en minimes...
— Mouais... murmure Fred, pas vraiment convaincu.

— Tu n'es pas trop fatigué, après avoir joué avec tous ces grands, mon chéri ? s'enquiert madame Bardoin. ...
Fred hausse les épaules avec un sourire en guise de réponse. Le téléphone sonne à cet instant et monsieur Bardoin décroche avant de tendre le combiné à Fred.
— C'est pour toi... Manoel...
Fred prend l'appareil.
— Ouais ?... Ah bon, génial !... s'exclame Fred avec un grand sourire... T'as intérêt à briller. Il m'a dit qu'ils avaient besoin d'un milieu offensif. Alors, j'ai pensé que c'était pour toi... Tu fais ton essai demain matin après l'école ?... Alors, on croise les doigts... Y a pas de quoi... Tâche d'assurer. Salut !
Il raccroche, tout content, avant d'expliquer les raisons de sa joie :
— Monsieur Paul essaie Manoel demain matin pour le poste de n° 10... Je suis sûr qu'il va être pris...
— Bon... En attendant... Au lit maintenant,

l'avant-centre ! lâche monsieur Bardoin. Tu connais nos accords ?... Demain, il y a école.

— Oui, p'pa. J'y vais...

En se couchant, Fred repense à son après-midi passé à jouer au foot avec des plus grands. En fermant les yeux, il revoit tous les gestes qu'il a faits, tous ceux qu'il a réussis, se reproche d'en avoir raté d'autres, des faciles, comme ce ballon qui lui échappe alors qu'il est seul devant le goal... Et la fatigue finit par avoir raison de l'avant-centre remplaçant.

Le lendemain, à l'école, la complicité entre Fred et Manoel s'exerçant de façon plutôt bruyante et nuisible pour la classe, leur professeur les prie « d'aller continuer leur match à la porte afin de préserver le cours de géographie ». Fred se retrouve dans le couloir avec son ami, que la punition infligée ne semble pas trop émouvoir.

— Zut et zut... Mon père va être en pétard... murmure Fred en se mordant les lèvres de regret.

— Dis, t'as vu « Foot Soir » hier ?... pour-

suit Manoel comme si de rien n'était. Mirandinho, l'attaquant du Brésil, a marqué cinq buts contre le Pérou, dont une « bicyclette » à vingt mètres... C'est autre chose que ton Servin, Mirandinho...
— Quoi ?... s'exclame Fred, qui se laisse prendre au jeu. Mais Servin, il en a mis des centaines, de buts comme ça... Le « ciseau arrière », c'est lui qui l'a inventé, alors ne me fais pas rigoler avec ton Brésilien.
— À la prochaine Coupe du monde, si la France retombe contre le Brésil, vous allez en prendre cinq ou six, cette fois... assure Manoel.
Fred s'énerve devant la mauvaise foi de son ami et répond sèchement :
— Le Portugal, si ça se trouve, il va encore ne pas y être, en Coupe du monde... Et puis, c'est qui, les champions du monde ?
— C'est vrai... admet Manoel avec dans son regard une lueur de tristesse vite repoussée. Mais moi, mon équipe, ce sera toujours le Brésil...

— C'est vrai que c'est une grande équipe, concède à son tour Fred. Mais il y en a d'autres... Les Anglais sont bons aussi, et puis il y a quand même les Espagnols... ajoute-t-il, taquin.
— Quoi ?... rugit soudain Manoel, qu'un ressentiment ancestral oppose aux Espagnols. L'Espagne ?... Y z'ont rien...
— Barcelone a gagné la Coupe d'Europe...
— Ouais, mais avec deux Brésiliens, trois Hollandais, deux Portugais, un Français...
— Bah !... De toute façon, c'est nous qui sommes champions du monde, alors...

9

DOUCHE ÉCOSSAISE

Le samedi suivant, Fred est en train de regarder un match de division 2 à la télévision avec son père quand le téléphone sonne. Monsieur Bardoin va décrocher et Fred, pris par le match, n'écoute pas la conversation.

— Ah, Paul !... Oui... Ah bon, tant que ça !... Oui, oui, je le connais, il est adroit, ce gosse... À ce point-là ?... ajoute-t-il, étonné, en surveillant Fred du coin de l'œil. Et tu crois vraiment ?... Je ne voudrais pas que tu fasses ça pour me faire plaisir...

Bon, bon, d'accord, si tu le dis... Je le préviens... Merci, au revoir.

Il raccroche et revient s'asseoir au côté de son fils, toujours passionné par le match.

— Laval mène toujours un à zéro, mais ils ont eu chaud sur un corner, commente rapidement le garçon pour son père.

— Ah... répond monsieur Bardoin d'un ton neutre, avant d'ajouter sur le même air : Manoel a été pris par Paul. Il sera titulaire dimanche et toi aussi...

— Hmm, hmm... grommelle Fred sans réfléchir, toujours accaparé par le spectacle.

Après un moment, monsieur Bardoin se tourne en souriant vers son fils.

— Tu as bien entendu ce que je viens de te dire ?...

— Ben, oui... Euh... Enfin, non... C'était qui ? ajoute-t-il, penaud, en désignant le téléphone.

— Paul. Il prend Manoel et le fait jouer dimanche. Toi aussi, tu vas jouer.

Abasourdi, Fred regarde son père avec

incrédulité pendant quelques secondes avant de bondir de son siège en hurlant.
— Waouh !... Mais c est pas vrai, c'est pas possible, ça ?... Si ?... Non !...
Dissimulant un peu son sourire satisfait, monsieur Bardoin tempère un peu l'enthousiasme de son fils.
— Nous allons en profiter pour jeter un petit coup d'œil à ton carnet scolaire, tiens... Va donc me le chercher...
Sans trop de précipitation, Fred va dans sa chambre et revient avec le dangereux document. Fred sait qu'y est mentionnée sa mise à la porte du cours de géographie avec Manoel et s'inquiète un peu de la réaction paternelle. Il n'a pas tort.
— C'est quoi, ça, Frédéric ? « Exclu de géographie pour cause de pantomimes footballistiques »...
— Ben... C'était jeudi. Manoel me mimait des dribbles et faisait semblant de me passer la balle. Alors, moi, je faisais comme si je reprenais de volée, et...
— Pendant la géographie ?... demande

monsieur Bardoin sèchement.
— Oui, p'pa, lâche Fred, penaud.
— Et tu crois que tu vas aller jouer au foot alors que tu te fais mettre à la porte du cours de géo ?... Demain, tu resteras avec moi pendant le match... Nous mimerons les villes et les pays ensemble...
Fred jette à son père un regard éperdu.
— Oh non, papa !... Tu ne peux pas !
— Nous avions des accords, Fred. Tu ne les as pas respectés. Mais moi, je tiens mes promesses. Tu ne travailles pas, tu ne

joues donc pas au football. Point !
Au bord des larmes, Fred tente un dernier argument.
— Papa... S'il te plaît... Ce n'est pas de ma faute, c'est Manoel qui...
— Mon petit, coupe le père d'un ton sévère, il ne faut jamais dire que c'est de la faute d'un autre. Je voudrais que tu sois responsable de toi-même... Et, si quelqu'un t'entraîne à faire quelque chose que tu ne souhaites pas, il te faut prendre tes propres affaires en main. J'espère simplement que cela te servira de leçon. Je sais ce que ça te coûte, et j'espère que tu sauras en tenir compte pour plus tard... Demain, tu resteras avec moi ici...
— Oh non !...
Au comble du désespoir, Fred se laisse tomber dans le canapé, en pleurs. Sa mère survient, l'air vaguement inquiet en voyant pleurer son fils cadet.
— Monsieur préfère les « pantomimes footballistiques » à la géographie, explique monsieur Bardoin à son épouse

restée muette. Je l'ai donc condamné à remplacer le football par des pantomimes géographiques. Surtout que monsieur allait être titulaire dans son équipe demain. Il sera donc titulaire en géographie pour faire le pendant exact.
Tout le reste de la journée, Fred est resté dans sa chambre à pleurer sur son malheur. À la douce demande maternelle de venir dîner, il a répondu qu'il n'avait pas faim et a préféré se priver, alors que son estomac hurlait famine, plutôt que de céder. Vers neuf heures du soir, on frappe à sa porte, son père entre et vient s'asseoir au bord de son lit. Il porte à la main un vieux cahier.
— Regarde, Fred. Je veux te montrer quelque chose. Ce cahier, tu vois, c'est mon cahier lorsque j'étais en cinquième... J'avais douze ans. Moi aussi, je vivais pour le foot... Un jour, je devais jouer un match très important et mon père, la veille, m'a demandé mon carnet de notes. Il l'a regardé attentivement. Le voici,

regarde-le toi aussi à ton tour.
Sans bien comprendre, Fred feuillette les pages en regardant les notes obtenues par son père, avant de reposer le cahier.
— Tu as vu ?... Tu as remarqué quelque chose ?... continue monsieur Bardoin.
— Euh... Non... Tu avais plutôt de bonnes notes, mais sinon je ne vois pas ce qui...
— En géographie ?... Combien avais-je ?...
— Ben, douze... C'est pas mal.
— Et en orthographe, combien j'avais en orthographe ?...
— Euh... Douze aussi...
— En anglais, j'avais onze seulement, c'est ça, hein ?...
— Euh oui... murmure Fred après un bref coup d'œil dans le cahier.
— Ce sont de bonnes notes, sur vingt, tu ne crois pas, Frédéric ?...
— Si, répond Fred, toujours sans comprendre, un peu inquiet du ton suave de la voix de son père.
— Eh bien, mon père à moi, ton grand-père, donc, il n'a pas voulu que je joue

mon match important parce qu'il les trouvait insuffisantes, lui, mes notes. Il trouvait que quelqu'un qui se contentait de la moyenne était quelqu'un qui se contenterait de peu dans la vie, et il ne voulait pas de cela pour son fils. S'il avait appris que je faisais des « pantomimes footballistiques », il m'aurait interdit de jouer au foot pour le restant de mes jours. Pourtant, moi, finalement, je vais te laisser jouer demain... Les temps ont changé. Je te donne donc une chance, mais c'est la toute dernière, Fred... Si tu me déçois, ce sera tant pis pour toi... Maintenant, viens manger...

10
DÉBUTS OFFICIELS

En arrivant au stade, Fred retrouve Manoel, qui l'attendait. En le voyant, le petit Portugais se jette à son cou et l'embrasse affectueusement.

— Merci, Fred ! Grâce à toi, j'ai signé ma licence et je suis dans l'équipe.

— Et moi, je crois que, grâce à toi, j'y suis aussi.

Tout heureux, les deux garçons entrent ensemble dans le stade et se dirigent vers les vestiaires. À quelques mètres de la porte, au coin du bâtiment, un garçon se

présente devant eux, l'air mauvais : c'est Laurent Despalles, qui s'adresse à Fred.
— Dis donc, toi, petit lèche-bottes, tu as réussi à magouiller pour me prendre ma place, hein ?...
— Quoi ?... proteste Fred. Mais je n'ai rien fait du tout...
— Alors, pourquoi devais-je jouer et qu'aujourd'hui je ne joue plus ?... Parce que t'es allé chercher ton copain, le petit nain, là... Et que vous avez magouillé avec monsieur Paul et ton père, qui est un ancien joueur, et ton frère et toute la famille...
— Mais t'es dingue ?... Je te dis que je ne...
— Tais-toi !... Moi, je vais te dire un truc... Si tu marques un but tout à l'heure, je t'attends à la sortie et je te casse la tête. T'as pigé ?... Allez, va, maintenant. Moi, je serai sur le banc, alors je vais te voir...
Sans insister, les deux petits rejoignent le vestiaire réservé aux joueurs d'Arcarès. Devant l'autre vestiaire, Fred et Manoel découvrent pour la première fois leurs

adversaires, venus d'une ville voisine. Fred les trouve très grands et s'inquiète un peu sans rien dire. Puis ils entrent à la suite de Laurent dans leur vestiaire, où déjà quelques-uns sont en train de se vêtir, Youyou, Loïc, Renaud, Slimane. Sur les portemanteaux, les maillots de chacun sont pendus, attendant leur locataire pour le match. Monsieur Paul est là, lui aussi, qui salue ses joueurs un par un. À Laurent, il dit :

— Aujourd'hui, j'essaie le tandem des deux gamins, mais tu vas sûrement rentrer.

Sans rien manifester de sa rancœur, Laurent hoche la tête et vient s'asseoir sous le portemanteau du n° 14. Monsieur Paul s'adresse à son équipe :

— Mes gamins, je vous présente Manoel, qui va jouer milieu offensif avec nous aujourd'hui. Il est encore benjamin, mais vous allez voir qu'il a sa place parmi nous. Le jeune Bardoin prendra également provisoirement la place de Laurent.

Prenez vos maillots, les gamins...
Fier, mais modeste, Manoel baisse les yeux tandis que Fred contemple sur le mur le magnifique maillot rouge à parements blancs frappé du n° 9 qui l'attend. Son rêve. Rapidement, sans oser regarder Laurent, qui ricane dans son coin, il décroche le maillot, le regarde avec respect, puis le pose sur son banc. Après s'être déshabillé à toute vitesse, Fred enfile ses affaires et termine par le maillot. Il regrette de ne pas avoir de miroir pour s'y

regarder discrètement. Immédiatement, dans le brouhaha du vestiaire empli d'odeurs d'embrocation, de joyeuses apostrophes et de bruits de crampons, il se sent fier de porter ce maillot.

— Alors, petit, c'est les grands débuts ? demande gentiment Youssouf.

Dans sa tenue de footballeur, avec son n° 6, il paraît encore plus maigre, malgré sa grande taille.

— Oh oui, je suis content ! lance Fred.

Manoel, assis à ses côtés, se concentre. C'est la première fois que Fred le voit comme ça, lui qui est plutôt de nature excentrique. Tout le monde est prêt, assis à sa place sur le banc. C'est le moment qu'attend monsieur Paul pour faire son petit discours d'avant-match.

— Mes gamins, aujourd'hui commence la saison. Notre premier match sera comme toujours un match de réglage, et c'est pour cette raison que je fais des essais. Les titulaires ne doivent pas croire qu'ils le seront toujours, et il en va de même

pour les remplaçants. Je veux que vous jouiez comme je vous l'ai demandé, avec fantaisie et en vous faisant plaisir. À votre âge, ce serait malheureux... Allez, mes gamins, pour Arcarès, hip ! hip ! hip
— Hourra ! répond le chœur des joueurs.
La porte du vestiaire s'ouvre et un homme habillé de noir avec un écusson de coq frappé du sigle FFF demande à parler au capitaine de l'équipe.
— C'est moi, dit Renaud, celui qui porte une moustache naissante.
Fred, intrigué, s'approche pour écouter les recommandations de l'arbitre.
— Alors, bien sûr, pas de tirage de maillots, pas de coups, pas de bagarre. Pour tirer les coups francs, vous attendez mon sifflet. Bonne chance !
Tout le monde quitte le vestiaire et court vers le terrain gazonné où va se dérouler le match. Fred constate que les adversaires, déjà en train de taper sur leur but, paraissent encore plus grands en short qu'en jean. Il sent une boule monter dans

sa gorge, qu'il identifie comme étant le trac. Il veut bien faire, il faut qu'il marque. Le souvenir des menaces de Laurent s'est estompé et la présence de Manoel à ses côtés dans son n° 10 lui donne une force terrible. Après quelques minutes passées à taper au but pour échauffer le goal, tout le monde se met en place et l'arbitre siffle le premier coup d'envoi du premier match officiel de Fred. À la mi-temps, monsieur Paul est aux anges. Arcarès mène deux à zéro, un but de Manoel et un de Fred, et joue comme il l'avait souhaité. Le Portugais s'avère excellent, dribblant et organisant le jeu pour ses coéquipiers, pas du tout déroutés par sa petite taille et son jeune âge. Fred a été moyen, mais il a réussi à marquer sur la seule bonne balle qu'il ait reçue de Manoel. Un crochet vif pour éliminer le défenseur et hop ! Un petit extérieur pour mettre le ballon hors de portée du goal. De plus, l'entente de l'équipe paraît excellente. Le milieu avec

Youssouf, et les latéraux Loïc et Renaud plus Saïd, bon ailier aimant les feintes et les dribbles, tous ont adopté les deux nouveaux, et le rendement s'en ressent. De retour au vestiaire, tandis que les joueurs dégustent des quartiers de citron apportés pour la circonstance, monsieur Paul fait part de sa satisfaction. Laurent, dans un coin, ne quitte pas des yeux Fred, le toisant d'un air plein de menaces et d'exigences. Fred, qui s'en aperçoit, préfère regarder ailleurs.

— Laurent, dit monsieur Paul. Prépare-toi. Tu remplaces Fred en deuxième mi-temps...

11

UNE DÉFAITE SANS JOUER

La deuxième mi-temps vient de se terminer par une victoire éclatante des joueurs locaux sur le score de cinq à un. Manoel a survolé le match, donnant le tournis à ses adversaires, qui, bien que le dépassant en taille d'une bonne tête, ont éprouvé les pires difficultés pour lui prendre le ballon. Les trois autres buts marqués par l'équipe l'ont été par Laurent, ce qui lui a rendu le sourire, et, sur le banc du vestiaire, il plaisante avec les autres joueurs de l'équipe. Fred, de son côté, bien qu'un peu déçu d'avoir été remplacé, est content d'avoir marqué son premier but officiel en championnat. Monsieur Paul, tout heureux, félicite ses troupes d'un retentissant :

— Bravo, mes gamins !... Ça, c'est du ballon !... Je suis content de vous...

Sous la douche réparatrice, Laurent s'arrange profitant d'un instant où ils se retrouvent seuls, pour régler son compte à Fred.

— Alors, morveux, t'as compris ?... T'es veinard que j'aie joué et que ça se soit bien passé, sinon t'aurais eu affaire à moi...

— J'ai pas peur, proteste Fred. De toute façon, t'es qu'un gros bourrin !...

— Quoi ?... fait le grand en s'approchant d'un air menaçant.

Mais l'arrivée des autres membres de l'équipe met fin à leur dispute et Laurent préfère se moquer.

— Alors, vous avez vu, les copains, en deuxième mi-temps, avec un vrai avant-

centre, c'est autre chose, hein ?...
Personne ne prêtant attention à sa remarque prétentieuse, il poursuit :
— J'en ai quand même mis trois, non ?...
— Bof !... reprend Renaud. T'as eu qu'à les pousser au fond... Grâce à Manoel...
— Peut-être, mais il fallait être là...
— On a gagné à onze et puis c'est tout ! répond le capitaine, peu convaincu.
— Tu as raison, Renaud, assure monsieur Paul. Vous avez fait un bon match, mais, la semaine prochaine, c'est une autre histoire, on joue à l'extérieur, à Ravelles. Rendez-vous mercredi à trois heures pour l'entraînement, après lequel je vous donnerai la composition de l'équipe qui jouera dimanche.
Rentré chez lui, Fred raconte à son frère, puis à ses parents, le déroulement du match, préférant garder sous silence les menaces du sinistre Laurent. Julien le félicite pour son but marqué, tandis que son père se contente de lui rappeler les accords d'école conclus entre eux sans

manifester d'autre émotion. Heureux, Fred s'endort en rêvant de son premier match. Pendant les jours suivants, il s'applique à être un élève modèle. Le mercredi après-midi, une mauvaise nouvelle vient assombrir son moral : il sera remplaçant dimanche, le poste d'avant-centre étant confié à Laurent. Monsieur Paul en décide ainsi après l'entraînement pendant lequel Manoel a définitivement fait l'unanimité en sa faveur. Très déçu, Fred a la fierté de n'en rien laisser paraître.

malgré les quolibets à peine déguisés de Laurent à son égard.
Le dimanche, jour du match, toute l'équipe, accompagnée de monsieur Paul et de son adjoint, se rend en minibus à Ravelles, localité proche d'Arcarès, pour y disputer le deuxième match du championnat. Après les traditionnelles chansons entonnées en chœur pendant la durée du trajet, les jeunes joueurs se retrouvent dans un stade nouveau pour eux. Ils se préparent pour la rencontre. Dans le vestiaire silencieux, monsieur Paul donne ses habituelles directives :
— Mes gamins, vous allez tâcher de rejouer comme la semaine dernière et tout ira bien. Les gamins d'en face sont des coriaces, mais vous devez vous en sortir et gagner... Manoel, tout repose sur toi, essaie de jouer collectif... Ne garde pas trop le ballon, compris ?
— Oui, m'sieur Paul...
Sur le terrain, hélas ! les choses ne se déroulent pas comme tout le monde l'es-

père. Les adversaires se rendant vite compte que Manoel, avec ses dribbles et ses passes, fait souvent la décision, leur entraîneur décide rapidement de lui mettre un gigantesque défenseur sur le dos, une sorte de garde permanent le dépassant de deux têtes, qui ne le lâche plus et qui le rudoie assez violemment dès qu'il s'apprête à toucher le ballon. Et même si l'arbitre siffle de nombreux coups francs en faveur de l'équipe d'Arcarès, le pauvre Manoel, pourtant bien épaulé par Youssouf, Loïc et Saïd, ne peut parvenir à donner de bons ballons à ses attaquants. Laurent, seul à l'avant, peste et hurle après ses équipiers en réclamant un ballon qui n'arrive jamais. Le match s'achève par un coup du sort : l'équipe adverse réussit à marquer dans les dernières minutes et les minimes d'Arcarès reviennent battus dans un minibus tristement muet. À leur arrivée au stade d'Arcarès, ils se séparent et se donnent rendez-vous pour l'entraîne-

ment du mercredi suivant. Fred et Manoel rentrent ensemble à pied, leur sac sur l'épaule, et commentent le match.
— Pfou !... souffle Manoel, dépité. C'est dur de jouer quand on a un type sur le dos pendant tout le match... Surtout un grand comme celui-là...
— Ouais... murmure Fred, maussade. Moi, je n'ai même pas joué, alors...
— Je ne l'aime pas beaucoup, ce Laurent, dit Manoel. Il est crâneur... Je ne comprends pas que monsieur Paul le fasse jouer à ta place. Moi, je préfère jouer avec toi en avant-centre, on se connaît bien. Je sais comment te donner le ballon...
— Ouais... lâche Fred. Enfin... Dimanche prochain, on joue chez nous contre l'équipe des minimes des Girondins de Bordeaux...
— Ah oui, c'est vrai !... dit Manoel, heureux à la perspective de jouer contre leur club favori. Il va falloir être bon. Tu sais que c'est Servin qui s'occupe d'eux ?
— Non ! s'exclame Fred, qui ne connais-

sait pas cette facette de son joueur préféré.
— Si ! Il les entraîne depuis cette année en plus de jouer avec les pros. Je l'ai lu dans le journal.
— Oh là !... Ils doivent avoir une grosse équipe, alors...
— Bof... Ça ne veut rien dire, tu sais... le rassure Manoel. Ils sont du club des Girondins comme les pros, mais, en fait, ils sont comme nous...
— Sauf que nous, on est plus petits...
— Oui, répond Manoel avec un clin d'œil à son copain. Mais nous, on est malins ..

12

UNE RENTRÉE OPPORTUNE

Après avoir passé une semaine studieuse qui a paru satisfaire son père, Fred se prépare à partir au stade pour le grand match contre la grosse équipe des minimes des Girondins. Après l'entraînement du mercredi, le verdict de monsieur Paul est tombé une nouvelle fois : Fred sera remplaçant. Le cœur empli de déception, Fred a néanmoins préparé ses chaussures, toutes brillantes et propres, et les a disposées dans son sac. Au moment de partir, après avoir embrassé sa mère,

Fred constate que son père l'attend devant la porte.

— Je viens avec toi aujourd'hui, Fred, dit monsieur Bardoin. Tu te souviens de mon ami Alain Vignol, que l'on avait rencontré au match à Bordeaux ?...

— Bien sûr, p'pa ! Le monsieur qui nous avait emmenés dans les vestiaires ?

— Voilà. Il est le président de l'équipe des minimes, contre laquelle vous devez jouer. Alors, je viens lui dire un petit bonjour.

Content d'être avec son père, Fred arrive au stade, où beaucoup de monde se presse déjà, attiré par l'événement. L'équipe de Bordeaux est là, avec ses beaux survêtements aux couleurs du club : marine et blanc. Impressionné, Fred observe avec appréhension la taille et l'allure de ses futurs adversaires. Accoudés à la balustrade entourant le terrain, deux hommes discutent, que Fred reconnaît immédiatement : Gérard Servin et l'ami de son père, monsieur Vignol. La simple présence de

l'avant-centre de l'équipe de France a attiré une foule de curieux qui restent respectueusement à l'écart, massés tout autour du terrain.
— Bonjour, Georges, content de te voir, fait chaleureusement monsieur Vignol en saluant le père de Fred. Gérard, ajoute-t-il à l'adresse de Servin, tu te souviens de mon ami Bardoin et de son fils Frédéric ?
— Oui, oui... Le petit avant-centre... Bonjour, monsieur. Bonjour, Frédéric... dit Servin à Fred en lui serrant la main. Alors, tu vas nous marquer beaucoup de buts aujourd'hui ?...
— Ben... Non, monsieur... répond Fred d'un ton un peu triste. Je ne suis que remplaçant.
— Bah ! c'est déjà bien, mon bonhomme, tu sais... ajoute gentiment son modèle. L'important, c'est d'être dans l'équipe.
— Fred, intervient son père, tu devrais aller t'habiller et retrouver tes équipiers. Moi, je vais regarder votre match avec mon ami Alain.

— D'accord, papa. À tout à l'heure ! fait Fred en partant vers les vestiaires.

Parmi les spectateurs venus en curieux, Fred reconnaît beaucoup de monde, des copains de l'école, des voisins, tous venus assister à l'événement que constitue un match, même de minimes, entre le petit bourg d'Arcarès et la ville de Bordeaux.

— Il y a du public, se dit Fred avec un frisson d'excitation. Quand même, ce serait bien que je joue un peu...

Aux vestiaires, il retrouve ses coéquipiers

au complet en train de se préparer. Monsieur Paul tourne en rond, vérifiant quelques crampons incertains, donnant ses consignes et encourageant ses jeunes joueurs. Un bref coup d'œil de Fred à Laurent lui vaut un sourire goguenard et il préfère baisser la tête. Au coup d'envoi, Fred s'est assis sur le banc près de monsieur Paul avec les autres remplaçants. Très vite, au fil du match, il s'aperçoit que les adversaires sont bien organisés. Ils jouent presque comme des pros, avec un système de jeu efficace et discipliné. Pendant toute la première mi-temps, Manoel fait son possible pour distribuer de bons ballons, dribblant, revenant derrière pour organiser le jeu de son équipe, mais sans succès. Au retour aux vestiaires, les jeunes Bordelais mènent deux à zéro et les quelques occasions de but que Manoel a pu provoquer pour l'équipe d'Arcarès ont été gâchées par Laurent.

— C'est bien, mes gamins ! lance monsieur Paul pour encourager ses joueurs.

Vous vous défendez bien quand même, ils sont très bons en face... Continuez comme ça... Fred, échauffe-toi, tu vas remplacer Laurent.

— Oh, pourquoi, monsieur Paul ? proteste le grand frisé. Ça va passer en deuxième mi-temps. Je me sens vraiment bien, en plus...

— Ne discute pas, Laurent, c'est comme ça, lâche monsieur Paul d'un ton sans réplique.

En bougonnant, Laurent délace ses chaussures et les jette par terre d'un geste de mécontentement. Manoel lance un clin d'œil à Fred tandis que son ami ôte son survêtement pour aller s'échauffer. Après un petit geste de fierté à l'encontre de son père, Fred pénètre sur le terrain et attend en faisant quelques courses d'échauffement que les joueurs reviennent. Juste avant que l'arbitre ne donne le signal de la deuxième mi-temps, Manoel vient à côté de Fred.

— Tu vas voir... Ça va aller...

Le match reprend, et les adversaires se montrent toujours aussi forts. Les minimes d'Arcarès sont obligés de jouer en défense et de s'arc-bouter pour ne pas prendre de nouveaux buts. Fred touche peu de ballons et revient souvent derrière aider ses partenaires. À un moment, Manoel réussit à dribbler trois Bordelais et lève la tête pour chercher son ami.
— Mano !... C'est bon !... hurle Fred, qui est parvenu à fausser compagnie au grand arrière qui le marquait.
Immédiatement, Manoel frappe dans le ballon, qui s'élève et vient retomber juste sur le pied droit de Fred. Celui-ci, sans se poser de questions, reprend le ballon comme il arrive, de plein fouet, et le loge dans la « lucarne » du but adverse. Tout content, il se retourne en tendant les bras vers ses coéquipiers, qui se ruent sur lui pour le féliciter. Quelques minutes après la reprise du jeu et après un une-deux splendide avec Youssouf, Manoel parvient à dribbler le gardien et à marquer le

but égalisateur, pour la plus grande joie de l'équipe et des spectateurs, qui, sur le bord du terrain, applaudissent à tout rompre. Il ne reste plus que quelques secondes de jeu quand Fred reçoit une courte passe de Manoel à vingt mètres des buts bordelais. Il contrôle son ballon, lève les yeux et aperçoit le goal adverse légèrement avancé. Sans hésiter, il frappe dans le ballon, une frappe haute qui monte, monte, et redescend droit dans le but, passant par-dessus le goal avancé dans un lob absolument parfait qui soulève l'enthousiasme de la foule et de ses coéquipiers.

13

BONNE NOUVELLE ET MAUVAISE RENCONTRE

Au coup de sifflet final, tous les joueurs se précipitent vers Manoel et Fred pour les congratuler. Fred, surtout, recueille les félicitations de tout le monde pour son but de dernière minute. En rentrant dans les vestiaires, tout fier, il croise monsieur Vignol et Gérard Servin. Son idole fait mine d'être fâchée et, les poings sur les hanches, il gronde Fred.

— Dis donc, toi... lance l'international d'un air courroucé, tu nous as drôlement fait mal avec ton copain du milieu. Mais j'ai quand même dans l'idée qu'on va se revoir...

Puis son visage s'éclaire avant qu'il ne félicite sportivement monsieur Paul en lui serrant la main.

— Bravo ! monsieur... Vous avez une bonne équipe...

— On a surtout eu de la chance, monsieur Servin. Mais je dois dire que je suis bien content de mes gamins...

Ils regagnent chacun leur vestiaire. Servin, entouré d'une foule d'admirateurs et de curieux, répond gentiment aux demandes d'autographes et aux marques de sympathie. Fred, après avoir pris une bonne douche en braillant des chants de victoire avec ses coéquipiers, vient retrouver son père, qui l'attend pour rentrer. Il le trouve près de sa voiture, en grande conversation avec son ami Vignol.

— Réfléchis bien... Et appelle-moi pour me dire... dit le dirigeant. Moi, je pense que ce serait dommage de le priver de...

— C'est l'intéressé qui décidera, coupe vivement monsieur Bardoin. Cela ne dépend que de lui. Allez, au revoir, Alain ! Et j'oubliais... ajoute-t-il, taquin, pardon de vous avoir battus !
Dans la voiture, sur le chemin du retour, Fred brûle d'entamer la conversation sur son match, mais son père reste muet, semblant désespérément concentré sur la route. N'y tenant plus, il finit par se lancer :
— On a fait un bon match, hein, p'pa ?...
— Hmouais... répond le père d'un air distrait.
— Moi, j'ai mis deux buts...
— C'est bien, Fred...
— Le deuxième, il était beau, hein ?... Mais j'ai quand même beaucoup de chance.
— C'est bien de le reconnaître...
— Et puis Gérard Servin m'a félicité, j'étais drôlement content...
— C'est bien... Il a eu raison...
Sentant son père préoccupé, Fred se tait, frustré de n'avoir pas entendu les paroles de félicitations qu'il juge méritées.

Après un bon moment de silence, monsieur Bardoin jette du coin de l'œil un regard vers son fils.

— Ecoute, Frédéric... commence-t-il.

Comme chaque fois qu'il l'appelle Frédéric, Fred flaire quelque chose d'important.

— Oui, p'pa ?...

— Je viens d'avoir avec mon ami Vignel une conversation qui te concerne et c'est à cela que je réfléchis.

Connaissant son père, Fred préfère

attendre la suite, avant de se réjouir.
— Il a été impressionné par ta performance, et moi aussi, d'ailleurs, je dois te le dire. Je savais que tu étais doué, mais pas que tu étais capable de faire ce que tu as fait...
Fred sent une bouffée de joie lui monter au visage. Être reconnu par son père et félicité par lui lui semble meilleur encore que les marques d'estime de Servin.
— Mais ne t'emballe pas pour autant. Ton jeune ami Manoel est encore plus fort que toi et tu lui dois beaucoup. Toujours est-il, poursuit monsieur Bardoin d'un air innocent, que les Girondins souhaitent vous engager la saison prochaine pour jouer dans leur équipe... Enfin, toi, et surtout ton copain Manoel...
— Quoi ?... coasse Fred. Tu veux dire que c'est ça que monsieur Vignol t'a demandé tout à l'heure ?
— Oui.
— Et tu as répondu quoi ?
— Que la décision était entre les mains de

l'intéressé. C'est-à-dire, toi.

— Ben... Moi, je suis d'accord, murmure Fred tout en cherchant à comprendre s'il y a un piège.

— Alors, moi aussi, je le suis... À la condition que nos accords soient bien respectés. Tu te souviens de nos accords, Fred ?

— Bien sûr, papa.

— Alors, soyons clairs. Si, à la fin de cette année scolaire, tes notes sont suffisantes, je serai moi aussi d'accord pour que tu signes avec les minimes de Bordeaux. À toi de jouer, Frédéric...

Le soir, dans son lit, Fred tarde à trouver le sommeil. Il revoit son premier but, puis le second, le plus beau, celui qui a fait gagner son équipe. Il revoit Servin en train de le féliciter, puis il s'endort finalement en s'imaginant portant le maillot des Girondins... L'année prochaine, si tout va bien...

Le mercredi suivant, juste après l'entraînement, monsieur Paul donne la composition de l'équipe qui jouera le dimanche.

Fred, qui vient de se montrer brillant et en pleine forme, sera titulaire et Laurent devra rester sur le banc. Sans un mot, les dents serrées, le grand frisé accepte la sanction, non sans jeter un regard lourd de menaces à Fred. Lorsque celui-ci quitte le stade avec Manoel, et tandis qu'ils discutent du prochain match pro qui aura lieu le soir même, ils tombent sur Laurent, accompagné de deux garçons de son âge. Les trois grands leur barrent la route.

— Dis donc, toi, fait Laurent à Fred. Je t'avais dit de faire gaffe, tu as oublié ?

— Ben non, mais... bredouille Fred.

— Ferme-la !... T'es qu'un lèche-bottes. Tu vas payer !...

Manoel tente d'intervenir à son tour.

— Laisse-le, il ne t'a rien fait !

— Toi, le minus, écrase, sinon je te fais bouffer ton sac !

— Ah oui ? fait Manoel sans sourciller, en se plantant devant Laurent.

Puis, sans prévenir, il lui décoche un

magnifique coup de poing qui fait saigner le nez du grand. Immédiatement, les deux acolytes de Laurent entrent dans la bagarre et une mêlée féroce s'ensuit, dans laquelle Fred se jette pieds et poings pour défendre son ami. Mais les deux petits n'ont pas le dessus malgré le courage de Manoel. Au moment précis où l'un des grands va frapper Fred à la tête, il reçoit soudain une gifle magistrale qui le colle contre le mur. Ses deux autres complices, tenus par une poigne ferme, sont décollés de terre, leurs jambes s'agitant dans l'air.

— Si vous avez un problème, adressez-vous plutôt à moi... fait suavement la voix de monsieur Paul.

14

IL SUFFIT DE S'ENTENDRE

Le dimanche matin, tout le monde se retrouve au stade municipal d'Arcarès pour le match contre une autre équipe difficile : les minimes de Juvignac. Dans le vestiaire, monsieur Paul accueille tous les membres de son équipe et leur désigne leur maillot numéroté accroché au portemanteau. À l'arrivée de Laurent, il s'adresse à tous :

— Mes gamins, votre copain Laurent Despalles ayant fait des siennes, il sera suspendu jusqu'à nouvel ordre. Il sait pourquoi, aussi je n'en dirai pas plus. Habillez-vous !

— Monsieur Paul, demande Renaud, vous avez des nouvelles de Manoel ? Il n'est pas là...

— Il va arriver... fait l'entraîneur en jetant un coup d'œil à sa montre.

Tandis que les autres se préparent, un homme pénètre dans le vestiaire et vient dire quelques mots à monsieur Paul. Fred, qui a reconnu le père de Manoel, va aux nouvelles.

— Il a 39 de fièvre, répond monsieur Perreira d'un air désolé. Il est couché et le docteur lui a interdit de jouer... Je suis venu vous prévenir.

— Ça, ça ne fait pas mon affaire, murmure monsieur Paul, la mine soucieuse. Enfin, dites-lui de bien se soigner... La santé, c'est le plus important à son âge...

Le père de Manoel reparti, la plupart des joueurs sont déjà sur le terrain, en train de s'échauffer, tandis que Fred finit de s'habiller. Monsieur Paul grommelle à

haute voix en tournant en rond.
— Bon sang de bonsoir ! C'est qu'il va me manquer, ce gamin-là ! Je n'ai personne pour le remplacer, maintenant.
— Et si vous faisiez jouer Laurent ? demande Fred d'un trait.
— Tu rigoles, gamin... Après votre bagarre de l'autre jour, je l'ai suspendu...
— Oui, mais vous avez besoin de lui aujourd'hui. On jouerait tous les deux devant, avec Saïd à gauche... Il est costaud, Laurent... Il pourrait les gêner, et puis il est bon de la tête...
— Eh bien, toi au moins, t'es pas rancunier ! s'exclame monsieur Paul en souriant. Mais tu as peut-être raison... Et puis ce serait une bonne façon de vous réconcilier... Allez, si tu es d'accord, je l'appelle...
— Oui, oui, monsieur Paul. Je suis d'accord.
Tandis que Fred sort pour rejoindre les autres sur le terrain, monsieur Paul se dirige vers Laurent, qui s'était installé tout seul dans un coin pour, quand même,

regarder le match de ses ex-coéquipiers.
— Laurent ! Manoel est malade... Je ne souhaitais pas te faire jouer, mais Fred m'a dit qu'il ne t'en voulait pas. Alors, va t'habiller, tu joues avant-centre avec lui !
— Oh, merci m'sieur, merci ! fait Laurent reconnaissant, en filant vers le vestiaire.
— C'est au gamin que tu dois dire merci.. Tâche de t'appliquer, et ne fais pas ta mauvaise tête, sinon... ajoute l'entraîneur d'un ton sévère.
Les deux équipes maintenant en place,

l'arbitre se prépare à donner le coup d'envoi. Laurent, qui est venu se placer à côté de Fred dans le rond central, s'approche de lui d'un air un peu gêné.
— Bon, ben... Merci, quoi... lâche-t-il du bout des lèvres. T'es un bon mec, finalement...
— Ça va... répond Fred. Garde tes forces pour marquer des buts...
Le début du match est difficile pour les minimes d'Arcarès. Une bévue de Jérémy, leur gardien de but, qui a mal jugé un ballon facile, a permis aux joueurs de Juvignac de marquer très vite, ce qui les a mis en confiance. Ils ont surtout un milieu offensif très fort, maniant très bien le ballon et qui donne beaucoup de fil à retordre à Youssouf, qui l'a pris en charge. Après une bonne demi-heure de jeu, juste avant la mi-temps, il parvient à échapper à Youssouf et dribble deux arrières avant de marquer d'un magnifique tir du gauche. Fred, qui joue à côté de Laurent, se retrouve souvent trop près

de lui et les deux garçons se gênent fréquemment sans pouvoir faire la différence. Au retour au vestiaire, monsieur Paul donne de nouvelles directives :

— Laurent, joue plus en pointe, et toi, Fred, reste un peu en retrait ! Saïd, Youssouf et Loïc pourront mieux jouer avec toi si tu es décroché. De toute façon, on est mené deux à zéro, alors, tout pour l'attaque, mes gamins ! Il faut y aller !

La deuxième mi-temps commence par un coup de théâtre. Le n° 10, qui posait tant de problèmes à l'équipe d'Arcarès, se blesse et doit laisser sa place. Son remplaçant s'avérant nettement moins bon, Youssouf se trouve soulagé et peut attaquer plus librement. Il parvient à récupérer un ballon et à le glisser à Fred, démarqué. Celui-ci évite son défenseur d'un crochet rapide et adresse une bonne passe dans la course de Laurent, qui frappe de toutes ses forces et marque. Quelques minutes plus tard, un coup franc est sifflé par l'arbitre à trente mètres des buts adverses. Fred pose le ballon, recule de quelques pas et hurle :

— Laurent ! À toi !

Il frappe dans la balle, qui s'envole haut et vient retomber avec une précision étonnante devant Laurent, qui, de la tête, la percute de plein fouet pour la catapulter dans le but. Fou de joie, le grand frisé se précipite vers Fred et le soulève de terre pour le congratuler. Ils sont revenus à deux partout. Sur le banc, monsieur Paul crie ses encouragements et ses consignes :

— C'est bien !... Renaud et Stéphane, vous ne montez plus ! Loïc, joue plus direct ! Continuez, mes gamins !

Euphoriques depuis leur égalisation, Loïc, Youssouf, Saïd et Fred ont pris l'ascendant sur leurs défenseurs, qui ont de plus en plus de mal à garder le ballon. Un mauvais dégagement du gardien profite à Fred, qui efface deux arrières pour donner en retrait à Laurent, lequel marque son troisième but. L'équipe de Juvignac est à la dérive malgré les cris d'encouragement de son entraîneur. Sur l'engagement, Youssouf contre et lance Fred, qui, après un magnifique une-deux avec Laurent, vient « fusiller » le goal et marquer le quatrième but. Un cinquième but de Loïc achève le triomphe de l'équipe d'Arcarès juste avant que l'arbitre ne siffle la fin du match. Bras dessus, bras dessous, Fred et Laurent rentrent au vestiaire, définitivement réconciliés par le football, qu'ils ont pratiqué ensemble dans le meilleur esprit.

— Quatre buts à nous deux ! s'écrie Laurent, radieux. On fait un drôle de tandem, quand même...

— Et encore, se réjouit Fred, on n'avait pas Manoel aujourd'hui !

15

LA COUPE D'EUROPE

Quelques années ont passé. Un trio de jeunes prodiges fait merveille dans le Sud-Ouest. Tous les trois titulaires dans leur club, les Girondins de Bordeaux, ainsi qu'en équipe de France juniors, ils sont en route pour le titre européen et le Championnat du monde, qui se déroulera au Brésil. Leurs noms : Manoel Perreira, un petit milieu offensif génial aux dribbles étourdissants et à la vision du jeu incroyable, Laurent Despalles, un avant-centre percutant au jeu de tête exceptionnel et à la vitesse déroutante, et le nouveau Zidane, un joueur à la technique raffinée et au sens du but très aiguisé, meilleur buteur actuel du Championnat de France professionnel de première division : le goleador des Girondins, Frédéric Bardoin. Leur profonde amitié, qui remonte aux bancs de l'école, a renforcé leurs qualités de joueurs pour le plus grand bonheur du club bordelais, en passe, grâce à ses trois jeunes prodiges, d'être champion de France, au nez et à la barbe des Parisiens et des Marseillais. Fred, qui vient d'obtenir un bac plus cinq qui a ravi son père, a pris la filière traditionnelle que doit suivre un jeune qui veut devenir pro. Après avoir joué en minimes puis en cadets et juniors au club des Girondins de Bordeaux, il a signé son premier contrat l'année dernière, alors que plusieurs clubs étrangers avaient déjà l'œil sur lui. Ses complices, Manoel et Laurent, avec lesquels il joue depuis les minimes, ont connu avec lui les différentes sélections régionales puis nationales de leur catégorie d'âge. Ils ont déjà voyagé ensemble dans de nombreux pays, leur plus grand souvenir étant leur victoire avec l'équipe de France cadets sur la sélection anglaise dans le fameux temple de Wembley, le stade de Londres, devant quarante mille personnes. Gérard Servin, désormais joueur retraité, est devenu entraîneur des Girondins de Bordeaux et veille sur son trio de phénomènes comme une mère sur ses petits. Ce soir du mois de mars, dans les vestiaires du parc Lescure rempli à ras bord d'une foule enthousiaste et bruyante, les titulaires de l'équipe des Girondins, enfermés dans le silence de leur vestiaire, se concentrent avant le match de l'année : le quart de finale de Coupe d'Europe contre la légendaire équipe espagnole du Real de Madrid. Parmi eux, Manoel, Laurent et Fred jouent ce soir une partie importante pour leur carrière naissante. La télévision est là, le sélectionneur national, les

observateurs des plus grands clubs, accourus du monde entier, sont venus voir le trio de prodiges qui va affronter les favoris espagnols. Dans les tribunes, les membres des familles des trois joueurs, devenues très liées, se sont regroupés pour assister au match.
Dans un silence de cathédrale, Servin donne ses dernières consignes à ses joueurs avant de les laisser rejoindre le tunnel qui mène au terrain.
— Ils sont comme nous, les gars... N'ayez

pas peur d'eux et jouez comme vous savez le faire ! Vous êtes tous en super-forme, tout le monde vous regarde, alors vous devez être bons... Chacun sait ce qu'il a à faire, alors, on y va !
Les joueurs se dressent ensemble et sortent dans le couloir avec un bruit de crampons qui raclent le carrelage. Tout le monde est blanc de trac et de concentration. Un bref regard aux joueurs espagnols lorsqu'ils les croisent pour entrer sur le terrain les rassure : ils sont aussi pâles qu'eux. Au moment où ils pénètrent, la clameur incroyable soulevée par le public leur serre la gorge et, tandis qu'ils s'échauffent nerveusement, ils se tapent dans les mains en se murmurant quelques mots d'encouragement. Fred, Laurent et Manoel, comme ils ont pris l'habitude de le faire, forment un cercle juste pour eux, tête contre tête, les bras entourant leurs épaules.
— Mes gamins, imite Laurent en se redressant, ce soir, il faut y aller !

Dès que l'arbitre siffle le coup d'envoi, la boule dans la gorge disparaît pour laisser place à une détermination totale. Le football à ce niveau est désormais tellement performant qu'il faut, en plus d'une condition physique parfaite, une volonté absolue de s'imposer à l'adversaire tout en gardant un parfait contrôle de ses nerfs. La présence du public, qui pousse ses favoris, tout comme le faisait Fred lors de sa première visite au parc Lescure, est stimulante et permet souvent de se dépasser. Désormais habitués aux rencontres de haut niveau, les trois compères, solidaires comme les doigts de la main, en font voir de toutes les couleurs à la défense du Real. Manoel accumule les exploits techniques, soulevant les cris de joie du public, et adresse des ballons parfaits à ses deux complices, qui jouent ensemble en attaque. Mais les joueurs espagnols sont expérimentés et le rythme est tel que Fred et Laurent, malgré toute leur habileté, ne parviennent pas à faire la différence. Une longue passe transversale de Manoel à Fred lui offre la possibilité de se présenter seul devant le gardien espagnol, mais le face-à-face tourne à l'avantage du goal du Real et le public gronde. Fred, dépité et rageur, se prend la tête dans les mains et Laurent va immédiatement le consoler. La mi-temps est sifflée sur le score vierge et, quand Fred rentre dans le tunnel, un commentateur de la télévision vient l'interroger. Encore sous le coup de son raté, il bredouille quelques mots, promet comme toujours de marquer en seconde mi-temps et court s'enfermer avec ses partenaires dans le calme du vestiaire pour y reprendre ses esprits. Servin donne ses directives tout en laissant souffler ses joueurs. Au coup de sifflet de l'arbitre, le jeu reprend, toujours aussi tendu, toujours aussi âpre. Le stoppeur madrilène reste dans les jambes de Fred et intervient vigoureusement chaque fois qu'il reçoit le ballon. À quelques minutes de la fin, tandis que les

Espagnols se sont regroupés à l'arrière, Manoel se lance dans une série de dribbles qui éliminent trois défenseurs. Puis, entendant l'appel de Laurent, il vient solliciter un une-deux parfaitement réussi, récupère le ballon et centre sans voir sur Fred, qui, devançant enfin son garde du corps, percute le ballon de plein fouet et marque, provoquant le délire de la foule. Debout, les bras levés et les mains tendues, comme à son habitude, Fred attend l'arrivée de ses coéquipiers, Manoel et Laurent en tête, qui le renversent à terre, ivres de joie. Dans la tribune où les familles des joueurs sont rassemblées, un homme, monsieur Bardoin, debout, les larmes aux yeux, applaudit à tout rompre.

FIN

LEXIQUE

AMORTI Geste technique réalisé avec une partie de la jambe ou du pied, qui permet d'arrêter net le ballon pour le contrôler.

BANC Le banc des remplaçants. « Être sur le banc », c'est ne pas jouer et regarder les autres, assis auprès de l'entraîneur.

CHAMPIONNAT Épreuve dans laquelle toutes les équipes jouent l'une contre l'autre deux fois (une fois sur le terrain de chacune) et dont le classement est effectué par addition de points.

CORNER Mot anglais signifiant coin. C'est un coup de pied adressé depuis un des coins du terrain en direction du but. Un corner est accordé par l'arbitre lorsqu'un joueur de l'équipe défensive envoie lui-même le ballon hors du terrain, derrière ses buts.

COUPE Épreuve qui, à la différence du championnat, se déroule par élimination directe entre deux équipes sur un seul match. Le gagnant élimine le perdant et continue jusqu'à ce qu'il soit en finale. Le gagnant de la finale remporte la coupe.

COUP FRANC Sanction décidée par l'arbitre à la suite d'une faute commise par un joueur. Il y a deux sortes de coups francs : le direct et l'indirect.

CROCHET Geste technique qui permet d'éliminer un adversaire en le feintant à sa gauche ou à sa droite. Plus le crochet est rapide, plus il est efficace.

DÉMARQUER Action qui permet de se libérer

du marquage d'un adversaire. Se démarquer, c'est échapper à sa présence, sa surveillance, même un bref instant.

DIRIGEANT Personnage ayant la responsabilité d'une équipe et encadrant les joueurs. Dans les petites équipes, les dirigeants sont souvent bénévoles et ne gagnent pas d'argent.

DRIBBLER Mot anglais. Action qui permet, par un geste technique quelconque, de franchir ou d'éliminer un adversaire.

F.F.F. Fédération française de football.

GOLEADOR Mot d'origine espagnole désignant un buteur.

INTERNATIONAL Joueur ayant été sélectionné au moins une fois pour représenter la France dans une équipe.

LIBERO Mot d'origine italienne signifiant libre. Un libero est souvent l'arrière central d'une équipe qui peut se positionner sur le terrain selon son bon vouloir.

LICENCE Sorte de carte d'identité d'un joueur, qu'il signe après une visite médicale et qui prouve qu'il est apte à jouer et appartient à son club.

LUCARNE Volume situé à l'angle gauche ou droit, en haut des buts. « Mettre le ballon dans la lucarne » signifie souvent que le gardien ne peut l'attraper.

MILIEU DE TERRAIN Joueur évoluant au milieu de son équipe, entre les arrières et les avants. Il en existe trois sortes différentes : les milieux défensifs (numéro 6), les milieux relayeurs (numéro 8) et les milieux offensifs (numéro 10). À ne pas confondre avec le centre du terrain, où est tracée la ligne médiane.

MINIMES Catégorie de joueurs ayant entre 13 et 14 ans. Ces catégories sont constituées par tranches d'âge allant des poussins (7-8 ans) aux vétérans (plus de 35 ans), en passant par les pupilles (9-10 ans), benjamins (11-12 ans), cadets (15-16 ans), juniors (17-18 ans) et seniors (19-34 ans).

PENALTY Mot anglais signifiant pénalité. Sanction accordée par l'arbitre pour une faute méritant un coup franc commise dans les seize mètres. Le penalty est tiré par un joueur seul devant le gardien et d'un point marqué en blanc et situé à onze mètres du but adverse.

SEIZE MÈTRES Surface placée devant chaque but, délimitant le lieu où le gardien est autorisé à manier le ballon à la main. Également appelée surface de réparation, puisque c'est là que l'arbitre donne « réparation» à une faute commise en accordant un penalty.

STOPPEUR Joueur évoluant en défense, souvent numéro 4, et dont le rôle est principalement de stopper l'avant-centre adverse pour l'empêcher de marquer.

UNE-DEUX Geste technique à deux joueurs qui se passent et se repassent le ballon pour tromper les défenseurs :
1- le premier joueur passe le ballon à son partenaire et continue à avancer ; 2- le partenaire lui rend le ballon dans le dos des défenseurs.

ISBN 2.84064.219.0

Dépôt légal à la date de parution.
Conforme à la Loi n°49-956 du 16 juillet 1949
sur les publications destinées à la jeunesse.
Imprimé en Espagne (06-2007).